# RÉPONSE

## A M<sup>GR</sup> DUPANLOUP.

Imprimerie et Lithographie Colas, 21, rue Croix-de-Bois, Orléans.

RÉPONSE A M<sup>GR</sup> DUPANLOUP

# LA SITUATION

OU

## ÉTUDE DE LA BROCHURE

## DE M<sup>GR</sup> L'ÉVÊQUE D'ORLÉANS

PAR

## N. DOUBEVEYER

PARIS,

DENTU, LIBRAIRE-ÉDITEUR,

PALAIS-ROYAL, GALERIE D'ORLÉANS, 13.

1865

# AVANT-PROPOS

En admettant qu'à la patience publique, à coup sûr lassée par toutes les controverses déjà suscitées par la parole papale, il reste encore assez de bienveillant courage pour me permettre d'espérer quelques lecteurs, je leur dois, et je me dois à moi-même aussi, d'expliquer pourquoi je viens joindre un membre inconnu à la phalange intellectuelle qui s'est levée à cette occasion.....; mon excuse, la voici : je n'ai pas pu penser que le civisme et l'honneur étaient grâces d'État spécialement attachées au clergé, ainsi qu'un récent écrit d'un de ses chefs les plus écoutés tendrait à le faire supposer, et j'ai cru que je pouvais obéir à la voix de ma conscience qui me commandait de jeter aussi mon cri d'alarme. J'ai cédé à l'injonction du devoir, comme le soldat ignoré qui, vedette en faction, et sans y être conduit par autre chose que par son amour pour son pays, au moment donné, fait entendre son qui-vive.

Il me restera à dire à quel point de vue je me suis placé, et ce qui, sous le rapport religieux, justifie suffisamment mon indépendance..... c'est ce que je ferai quelque part.

N. Doubeverer.

# LA SITUATION

---

## I

L'Encyclique du 8 décembre dernier a créé dans l'Empire français, pour ne parler que de notre société, une situation anormale dont il me paraît rationnel de sonder la profondeur. — Je serai aussi bref que possible, bien que mon intention soit de réfuter les arguments développés de Sa Grandeur l'Évêque d'Orléans, car je suis de ceux qui croient qu'en de telles matières la sobriété de paroles fait la moitié du succès.

A mon avis, et la justification en apparaîtra nette et précise, voici la situation en présence de laquelle on se trouve de par l'Encyclique : d'un côté, l'État... de l'autre, le clergé, c'est-à-dire la révolution en permanence, non point celle qui fait craindre pour le foyer, mais celle qui alarme les consciences... partant, la plus dangereuse, car elle ouvre la porte à l'autre.

Voyons comment :

Quand l'Encyclique est venue, avec son langage mystique et son style audacieusement ampoulé, il faut à la fois le reconnaître et le déplorer, donner un démenti éclatant à tous ceux qui osaient espérer du Saint-Siége toute autre chose... et quelque chose comme ce qui avait signalé l'exaltation de Pie IX, on comprit tout aussitôt, dans les hautes régions, quelle attitude le clergé allait adopter, — qui l'a vu à l'œuvre depuis que l'antagonisme s'est déclaré entre le *non possumus* et les exigences d'un progrès réel, quoique dénié par la cour de Rome et ses adeptes, — pouvait se faire une idée exacte de ce qui allait survenir, aussi n'a-t-on pas été surpris quand le Garde des Sceaux eut parlé, de voir l'unanimité avec laquelle le clergé refusa d'obtempérer aux instructions du Gouvernement! Ce zèle, si grand à copier l'académie des Quarante et son opposition, si petite et si mesquine, ne prouve, il faut l'avouer, ni haute raison, ni patriotisme élevé, il ne démontre, au contraire, qu'un esprit de corps aveugle... d'autant plus fâcheux symptôme que si l'Académie peut se permettre ces fantaisies, il est au moins regrettable de voir des hommes salariés par l'État se faire les complices de ceux qui cherchent à saper ses bases!... Il y a là plus qu'un fâcheux symptôme, il y a un abus criant qui révolte les consciences indépendantes, et sans vouloir donner à ce concert de résistances plus de valeur qu'il n'en saurait avoir, il est bon cependant de noter en passant que les ministres du culte catholique, pesant pour une large part dans les charges financières de l'État, ne se montrent nullement disposés à remplir les obligations que par là même ils contractent. S'il était vrai qu'ils se préoccupassent exclusivement des intérêts moraux qu'ils prétendent leur être confiés à l'exclusion de tous autres..., s'ils étaient animés d'une foi vive dans l'origine, et par conséquent dans la sainté de leur mandat, quel beau jeu n'auraient-ils pas en refusant les bénéfices que les lois de l'Empire leur attribuent!... Quelle autorité leur parole, dégagée de tout esprit matériel, n'acquerrait-elle pas!... Mais au cours actuel des choses, en les voyant se soustraire aux invitations rationnelles, quoi qu'on en dise, et je le prouverai, du pouvoir suprême de leur pays, de ce pouvoir qui subvient chaque jour avec un soin plus scrupuleux à leurs besoins et qui les dégage de tout souci temporel, afin de les laisser tout entiers à leurs voies saintes; ah! vraiment, le courage fait défaut à ceux-là mêmes qui savent que la religion est la sauvegarde des empires! Spectacle douloureux et bien fait pour attrister les cœurs pieux... car il en est qui osent prétendre à l'être sans passer approbation sur tant et de si fatales erreurs..., le clergé catholique est le seul à présenter cette anomalie : ne pouvoir tenir les rênes de l'autorité religieuse qu'après présentation par l'Empereur au pontife romain..., ne pouvoir vivre que sous les garanties que lui assure le Gouvernement... et se maintenir dégagé du moindre respect, de la moindre soumission !!!

J'ai dit tout à l'heure que je prouverais que la circulaire de S. Exc. Monsieur le Ministre des Cultes, reposait sur des principes rationnels... ce n'est pas le moins facile de ma tâche : On se plaint dans les rangs du clergé, et on s'étonne, même ailleurs, de la latitude laissée aux journalistes qui ont commenté l'Encyclique, tandis qu'elle est refusée aux Évêques...! Qu'y a-t-il donc là qui ne soit très-naturel? Quel caractère officiel ont les journalistes...? En quoi leur appréciation peut-elle accroître, ou diminuer, l'autorité de cette parole? Toute liberté n'a-t-elle pas été laissée, et aux journaux qui l'ont attaquée, et aux feuilles qui l'ont défendue en reproduisant les protestations des Évêques...? Les hommes qui se sont donné pour mission, suivant le courant de leurs idées, d'éclairer leurs semblables, ont-ils quelque chose de plus, dans l'État, qu'un caractère purement privé? Et dès qu'ils n'attaquent point ses lois fondamentales, quelle est leur corrélation avec lui?... En est-il de même du Clergé? Poser la question, c'est la résoudre. Donc M. Baroche a suivi la stricte lettre de son devoir en défendant aux Prélats de prêter la chaire d'Enseignement à ce que le Gouvernement, à tort ou à raison, considérait comme subversif de l'Enseignement que tout mandataire salarié doit distribuer au pays, sous la tutelle de l'État, voilà ce qu'il ne faut pas oublier, de l'État, seul juge en somme, de par les ministres, de ce qui est équitable ou non. De même, et quoi qu'on en ait dit, Son Excellence a encore obéi à ses devoirs les plus élémentaires, en n'intentant *appel comme d'abus* que contre l'Archevêque de Besançon et l'Évêque de Moulins — car, solidaires entre eux, la condamnation ou l'acquittement du Conseil d'État, frappera ou exonérera, en les personnes nommées, tous les Archevêques d'une part, tous les Evêques de l'autre...! C'est là de la logique pure et simple, qui ne peut être sujette à erreur, car elle échappe à toute interprétation autre que celle que j'en fais sortir moi-même, et dès lors le droit du Gouvernement étant incontestable, que reste-t-il des attaques dont il est l'objet?... *Rien.*

Passons à un autre point de vue de la situation : Où en est le Clergé lui-même? De par l'empressement qu'il a mis, avec un zèle vraiment digne d'un meilleur sort, à faire, dans ses idées, pièce au Gouvernement, pour me servir d'une expression qui, bien que triviale, a le mérite de dire les choses tout net, quel est son sort aujourd'hui, non-seulement devant le pays... mais même devant le Pape?... Il a voulu, comme dit un vieux proverbe qui prouve une fois de plus la sagesse des nations, être plus royaliste que le roi, et voilà que le gouvernement Papal plus sage dans son éloignement, ce qui est le contraire des idées reçues, que le Clergé français lui-même, songe à atténuer par tous les moyens possibles l'effet déplorable produit par son œuvre...! Voilà, ce me semble, un enseignement parti de bien haut et qui ne permet plus au Clergé qu'un silence respectueux... respectueux à la fois et pour son Chef spirituel, et pour son Chef temporel.

Me voici amené, par la rigoureuse déduction des raisonnements, au point capital de la question, la division du spirituel et du temporel ! Quoi que puissent en penser les Prélats, (il faut pourtant bien qu'ils s'y résignent, et pas un d'entr'eux, sans en excepter Monseigneur d'Orléans, ne serait, je veux le croire, assez osé pour discuter avec l'Autorité Doctrinale de Bossuet, l'illustre auteur des Libertés Gallicanes,) quoi que puissent en penser les Prélats, dis-je, ils n'ont que charge d'âmes, et si se dégageant enfin des pensées de ce monde, ils daignaient réfléchir aux premiers temps qui suivirent les enseignements de leur Divin Maître, s'ils revenaient à l'humilité que revêtaient ses enseignements mêmes, ils reconnaîtraient que loin de leur donner accès dans les affaires temporelles, la maxime si claire, si nette, si précise, et prêtant si peu aux ambiguités théologiques : « Rendez à César ce qui est à César et à Dieu ce qui est à Dieu, » leur enjoint formellement de ne s'occuper que du Royaume de Dieu !

Où en sommes-nous réduits ? Et faut-il que les chrétiens continuent encore longtemps à voir se dérouler devant eux le honteux tableau de tant de concupiscences, si fondamentalement étrangères à la loi de Jésus-Christ ? Pour quiconque a voyagé en Italie pour étudier sur les monuments, et c'est ainsi seulement que l'histoire des temps les plus reculés apparaît aux investigations du présent, dans sa lumière la moins équivoque, il suffit d'ouvrir les yeux pour voir; l'intelligence, que des préventions pourraient obscurcir, peut rester en dehors de cette grande étude, et, sur les tombeaux des successeurs de saint Pierre, durant six siècles, ce qui ne saurait être taxé d'inventions perfides, on lira toujours *Évêque*, jamais *Pape* !!!.....

Des écrivains autrement autorisés que moi, et par le rang et par le talent, ont établi déjà, moi-même j'ai déjà dit ailleurs [1] comment la dégénérescence de l'Église catholique s'était produite; chacun sait sur quelles bases repose l'état de choses qui dure moins maintenant par la virtualité de son origine, empruntée à des temps barbares, qu'à cette force de l'habitude que l'on est convenu d'appeler une seconde nature; il n'est donc pas besoin de revenir sur l'exposé détaillé des donations, parfaitement révocables et parfaitement remplaçables, qui ont institué cette Souveraineté dite des États de l'Église, mensonge, séculaire c'est possible, mais non pas moins mensonge comme droit, si l'on veut bien se rappeler que Jésus-Christ lui-même a proclamé que SON ROYAUME N'ÉTAIT PAS DE CE MONDE !

Les nations catholiques aujourd'hui, en transmutant l'état de la Papauté, en s'accordant à la soustraire aux vices de son institution transformée, se trouveraient donc vis-à-vis d'elle, dont elles constitueraient l'apanage au point de vue financier, au même titre, ( et à un dégré bien plus élevé si l'on songe aux criants abus que les

[1] *Le Pape et ses pouvoirs et la Papauté devant la Religion et l'Italie* Dentu à Paris, 1860.

antiques bienfaiteurs ont fait naître) que Charlemagne et la Com-
tesse Mathilde constituant leur apanage au point de vue territorial:
d'ailleurs, on ne saurait se le dissimuler, ces donations empruntaient
au temps un caractère que la succession des siècles et l'ambition
innée chez l'homme ont singulièrement altéré, et c'est donner à
ces actes, à ces hommages une portée tout autre que la vraie,
que de prétendre en induire la volonté, de la part de ceux qui les
ont signés et accordés, de constituer la Souveraineté temporelle
de Rome. — Ces donations octroyaient des *domaines* à l'Église.....
et pas autre chose; ce n'était alors qu'une propriété purement
privée, de tous points semblable à celles de tant d'ordres religieux
aujourd'hui..... y voir autre chose, c'est dénaturer les faits, mais
c'est donner gain de cause aussi à l'esprit actuel qui voudrait faire
donner au Pape, sous la sanction de tous les États catholiques une
*dotation* pure et simple, car il ne pourrait en résulter, fût-ce dans
l'avenir le plus éloigné, *rien* qui donnât jamais lieu à de fausses
interprétations des termes du contrat. A l'aide de cette combi-
naison si simple, si avantageuse, dois-je dire, à la Papauté qui n'a
plus à se réfugier ni à se rabaisser dans les vicieux mystères du
*non possumus,* la vérité fondamentale de l'Église reparaît grande et
forte comme le double principe qui fait sa base; l'un, je l'ai déjà
cité :

« Mon royaume n'est pas de ce monde ! »

Et l'autre dont le sens n'est pas moins précis :

« Tu es Pierre, et sur cette pierre je bâtirai mon Église. »

Le mot n'est pas entaché d'ambiguïté, et dans aucun temps,
Église ne fut synonyme de Royaume, ce qui contribue à donner le
dernier coup de sape aux prétentions du Saint-Siége.

Mais... ces prétentions elles-mêmes ont elles bien raison d'être, et ces aspirations nationales, libérales, que l'on conteste arrogamment à l'Italie, aux Romains; sous quel souffle leur sont-elles écloses? Reportons-nous à *dix-neuf ans* en arrière..... que voyons-nous?... Nous voyons le chef de l'Église, Pie IX, gravissant les degrés de la Chaire apostolique, et comme inspiré, s'incarner dans les aspirations libérales..... à la voix des temps, de même qu'autrefois Jésus-Christ s'incarnait dans l'humanité, à la voix de Dieu !... Or, le Fils de Dieu avait mis au sein de l'humanité des principes sociaux qui ont germé dans le cours des siècles... Qu'y a-t-il de si fâcheux pour Pie IX d'avoir donné carrière à l'explosion des éternelles vérités posées par Celui dont il se dit le fidèle serviteur? Et Pie IX, tout le temps où il fut hors de Rome, chassé, non comme évêque, mais comme souverain des États improprement dits de l'Église..., en fut-il moins le chef spirituel des fidèles? Sa voix perdit-elle de son prestige, et les patriarches, primats, archevêques, évêques et leurs brebis, pour parler ce langage, si touchant quand on s'en pénètre, eurent-ils moins de soumission à sa parole ? Poser ces que tions encore, c'est les résoudre.

Il faut en effet vouloir impérieusement fermer ses yeux à la lumière, il faut avoir un parti pris de ne vouloir pas voir, pour ne pas se sentir pris à la gorge par la terrassante évidence, quand on s'arrête, ne fût-ce qu'un instant, sur les faits qui ont signalé la mémorable époque que je viens de rappeler : les antagonismes qui se sont révélés dans la suite des siècles d'un bout à l'autre de l'Italie, n'étaient, il faut le reconnaître, que les accès fiévreux d'intelligences qui se sentaient agitées de pressentiments; c'était le foyer dans lequel le feu couvait... feu saint, feu béni, qui fut allumé aux premiers jours du christianisme par son Auteur lui-même !... Ce que nous appelons progrès, ces aspirations libérales dont les hommes de bonne foi se réjouissent au lieu de s'en inquié-ter, ce n'est pas autre chose que ce feu sacré gagnant de proche en proche, et le jour où Pie IX leur donna un corps en conviant l'Italie à sa propre métamorphose, on vit bien les dissidences dis-paraître..... on put reconnaître que *les temps étaient venus*, à l'una-nimité avec laquelle, en dépit des exagérations momentanées qui accompagnent toujours une transformation radicale, les individua-lités s'effaçaient pour ne plus vouloir que l'*Italie Une.*

Ah ! si Pie IX eût pu, comme le glorieux et tout-puissant fon-dateur de la religion chrétienne, infuser dans le sang de ses con-seillers l'esprit rénovateur qui bouillonnait en lui, s'il n'avait pas été enserré dans les résistances aveugles qui se cramponnaient autour de lui au fantôme d'autorité que l'aberration des siècles avait seule légitimé, voilà dix-neuf ans de paix, au lieu de dix-neuf ans de trouble, que le monde eût vu se dérouler, pour le plus grand bien du christianisme qui, c'est encore une incontestable vérité, est la première victime de ces déportements de toutes sortes qui s'exercent à l'ombre de sa grandeur !...

Quelle que soit d'ailleurs à ce sujet l'opinion du gouvernement de l'Empereur, qu'il me sera bien permis, je pense, de ne point partager, ce qui ne rendra pas suspecte l'approbation que j'en-tends lui réserver sous plusieurs rapports, j'aurais beaucoup d'au-tres choses à dire dans cette question où la raison, bien que le déni lui en soit opposé, a des droits si évidents de s'immiscer, mais je veux rester dans les limites les plus restreintes, et, ayant suffisamment, je crois, fait voir que l'Encyclique a créé une situation qui érige en face du pouvoir civil, seul reconnu par nos lois, un pouvoir religieux que nos lois ne sauraient protéger jusque dans ses écarts, je n'ai plus qu'à aborder la brochure de Monseigneur Dupanloup. Je ne m'y attacherai aussi que le plus brièvement possible.

## II

**Etude de la première partie de la Brochure
de Monseigneur Dupanloup.**

Aborder un adversaire qui pose en principe, et d'un ton absolu, *qu'on reconnaîtra que le devoir qu'il vient accomplir est difficile, mais aussi qu'il est nécessaire*, me paraîtrait à moi-même une étrange présomption, si je n'avais en moi une voix qui me crie: Marche... cette voix, c'est celle de ma conscience; je puis donc aller en avant sinon sans craindre d'échouer, du moins sans peur ni faiblesse, car, moi aussi, je me propose *de faire de mon mieux*.

Et d'abord, avant d'entrer dans l'examen des différentes pièces de l'armure de ce champion du pape, qui a nom Monseigneur Dupanloup, qu'il me soit permis, n'en déplaise, ni à lui, ni [aux *évêques aux protestations desquels il s'associe hautement*, de poser ma profession de foi comme citoyen, comme homme d'honneur, et à mon tour je demanderai avec angoisse aux lois de mon pays, s'il est bien et dûment permis de jeter l'injure au prochain sans appréhensions aucunes, cela seule parce qu'on est évêque?...

A Dieu ne plaise que je suive l'illustre académicien dans la voie d'incriminations qu'il lance au Piémont... je me sers pour l'instant de son langage... d'une plume aussi assurée que s'il n'avait pas à envelopper dans son système de réprobation jusqu'à l'Empereur lui-même! Je me ferai un devoir d'observer ces délicatesses suprêmes dont il a fait si bon marché, en attaquant avec tant de violences, je ne dirai pas maintenant une nation amie, mais la patrie d'une noble Princesse qui partage avec cet Ange de la charité que personnifie l'Impératrice, les multiples devoirs que lui imposent et son rang, et sa nouvelle patrie... considérations qui, à ce qu'il me semble, eussent dû tout d'abord arrêter dans son essor *la furia vescovile* de Monseigneur d'Orléans: si le trône lui-même n'a pas la vertu de protéger contre sa fougue ceux qui sont placés sur ses degrés... de quel droit peut-il prétendre à imposer le respect pour celui qui, à Rome, a aussi son trône!...

Que dirais-je de cette pompe louangeuse à l'endroit du Souverain... tout imprégnée d'ironie et d'amertume dans l'exposé des faits qui, selon l'écrivain, ont amené la convention du 15 septembre? Sans remonter à certaine circonstance critique de la vie de Jésus-Christ auquel je ne veux point assimiler l'Empereur, mais où je puis dire pourtant que la flatterie s'alliait au mensonge, il me semble entendre, sous ces beaux sentiments de gratitude qui viennent comme voiler des résistances insensées, ce vers fameux :

J'embrasse mon rival... mais c'est pour l'étouffer!

En effet, l'antagonisme entre les deux pouvoirs civil et religieux est et demeure flagrant, et dans cette rivalité, le pouvoir religieux semble décidé à n'absoudre le pouvoir civil que si ce dernier, abjurant droits et devoirs, se remet, pieds et mains liés, à sa dévotion absolue. Ah! seigneurs primats et princes de la sainte Église romaine, combien sont dangereuses vos faveurs, si vous les coulez toujours dans le même moule... mais non, et ce serait faire injure à des hommes d'un beau caractère, tels que Monseigneur Passaglia, Monseigneur d'Andrea, et tant d'autres encore, grâce à Dieu, si je les assimilais à vous.

Timeo Danaos et dona ferentes...

Me parait encore une réminiscence, hélas! que ne justifie que trop la conduite de la prélature en présence des bienfaits incessants dont la sollicitude impériale comble le Clergé.

C'est pourquoi je tiens à me commander une tout autre ligne de conduite dans l'appréciation de la question qui captive l'attention générale: je respecterai ceux qui doivent être respectés, et si je suis entraîné à secouer la poussière des tombeaux, du moins ne le ferai-je que pour rétablir dans leur vérité des faits qui auraient pu, par des mains moins dignes et moins scrupuleuses, être dénaturés... Quand une cause en vient à ce point d'avoir besoin de calomnier les morts pour être défendue, ah! c'est là qu'on peut dire avec Monseigneur Dupanloup, que l'on touche à *l'heure du péril suprême*. Ceci dit, avec tout le regret réel et sincère que j'éprouve à le prendre de si haut, mais contraint et forcé par la nature même des hommes et des choses auxquelles j'ai pour devoir de conscience de répondre aujourd'hui, passons à l'écrit de l'évêque académicien.

Je n'ai point à revenir sur la mesure prise par S. Exc. le Ministre des Cultes; j'en ai démontré les causes et prouvé comme quoi le prêtre, par son rôle officiel, était justement sous le coup de cette interdiction à laquelle échappe de droit le journaliste; mais je n'ai pas parlé du Ministre Protestant, et bien qu'il semble ressortir de mon raisonnement que ces deux derniers peuvent, sans contrevenir à la loi, commenter l'Encyclique, je dois ajouter, en ce qui regarde plus spécialement le Ministre Protestant que, le Protestantisme n'étant pas la religion de l'État, ce qui s'applique au culte de la majorité des Français ne saurait être applicable à des hommes qui, n'ayant aucun compte à dercir de leur mission au Pape, comme y sont astreints nos prêtres, il s'en suit naturellement que les dispositions relatives à ceux-ci, ne les regardent en aucune façon.

*De ce conflit malheureux,* dit Monseigneur Dupanloup, *deux grandes choses sortent blessées :* le saint ministère et la justice du pays, si les chefs de diocése attaqués comme d'abus sont condamnés; pour mettre à néant un argument qu'il trouve léger, mon docte adversaire eût dû s'attacher à un raisonnement qui ne péchât point par le même défaut capital... Mais il serait injuste de trop lui en vouloir de ce chef, car partant d'un faux principe, il ne pouvait arriver qu'à une conclusion fausse aussi : la justice du pays et le saint Ministère ne sont nullement en jeu dans tout ceci; les hommes seuls sont en cause, et non leur mandat qui reste étranger aux querelles des partis. Qu'on leur donne donc tort, ce qui serait conforme à la cause, ou qu'on leur donne raison, ce qui ne saurait être le fait de la majorité des bien pensants, il ne saurait venir à l'idée de personne, ni de blâmer la justice, qui a été appliquée suivant ses règles, ni de mépriser le Ministère des blâmés car s'ils sont au-dessous de lui, ils ne sont pas les seuls, ils ne seront pas les derniers à l'exercer, et *les vérités* qu'il doit établir *demeureront éternellement.*

Mais, ajoute Monseigneur, *les exemples et les paroles* des Prélats dont il loue les lettres dignes et graves (il ne leur manquait plus que d'être loués ainsi de leur désobéissance aux lois de leur pays), *ne nous font pas sortir de la gêne; les fidèles et le public* (il paraît que l'un et les autres ne font pas qu'un dans l'esprit de l'écrivain), *réclament autre chose...;* c'est à ce besoin, qu'avec une modestie que l'on ne taxera point à coup sûr d'excessive, il prétend répondre!... Voyons donc.

Si *une armée d'adversaires va se lever contre lui, sans q'uil sache auquel répondre,* ce n'est pas toutefois qu'aucun songera à baisser sa visière, ou à user d'armes déloyales ; tous, ils relèveront le gant, en vrais enfants de la France chrétienne, à visage découvert, et dans cette lutte à armes courtoises, *l'honneur et la conscience,* que Monseigneur Dupanloup veuille bien l'accorder, seront autant de leur côté que du sien : si tels ils seront tous, tel j'entends être aussi.

« On s'est efforcé de démontrer que le second de ces deux
« actes (l'Encyclique) est la réponse au premier (la Convention).
« C'est une erreur, je le sais et je l'affirme. Les périls que court
« sa personne, Pie IX les méprise. Les ennemis qui le com-
« battent, il leur pardonne. » Et l'excommunication qui les frappe, Monseigueur, est-ce le gage du pardon moderne?...

Je n'entends pas donner un démenti à Monseigneur Dupanloup, et devant une affirmation aussi catégorique, mon devoir est de m'in-cliner : cependant, s'il y a erreur, et je veux bien l'admettre, comment expliquera-t-il qu'à la nomination de S. A. I. le prince Napoléon à la vice-présidence du Conseil privé, ce qui a paru répondre à la notification de l'Encyclique, la cour de Rome ait jugé *opportun*, en présence de ce fait *importun*, d'atténuer la portée de la Lettre encyclique... C'est là un fait dont on ne peut méconnaître l'importance et qui prouve à quel point on y regrette l'effet produit à l'Étranger... A l'Étranger, dis-je avec intention, car, ne citant que deux exemples extrêmes, l'Espagne, ce pays ultrà-catholique, où le conseil des ministres a soumis cet acte à l'examen le plus approfondi; la Russie, cet empire qui ne peut être accusé de pactiser avec l'esprit révolutionnaire, où sa publication a été prohibée; dans ces deux pays, comme dans les régions intermédiaires, l'effet regrettable s'est nettement produit.

Monseigneur Dupanloup qui ne voit que de la politique dans la convention, que de la religion dans l'Encyclique, trouve, du côté de la religion seulement, de la grandeur. En quoi le gouvernement de l'Empereur qui, depuis quinze ans, applique ses plus nobles efforts à concilier la papauté avec l'Italie, a-t-il pu mériter cet excès d'indignité que la puissance seule soit le cachet de ses actes...? Que faut-il donc aux aveugles amis de Rome pour s'incliner devant la grandeur dont la France les trouve empreints?

*Pour tout dire, en un mot, l'auteur catholique affirme que l'on s'efforcera de retirer de Rome les respects avant qu'on en fasse sortir les régiments...;* cette déclaration, de la part d'un homme aussi haut placé, par conséquent qui aurait été à même de sainement juger les choses, ne surprend pas seulement, elle afflige, et cela au dernier degré, car elle prouve que c'est bien de parti pris que dans les hautes régions auxquelles il appartient, l'esprit de charité, de mansuétude, [n'est plus que l'ardeur d'un accusateur public !.... Saintes lois imposées par le Christ à ses Apôtres... hélas ! qu'êtes-vous devenues? Et si tels sont les successeurs de ces derniers, eux qui représentaient l'humilité de Celui dont ils avaient été les disciples, unie à toutes les vertus qu'il avait proclamées les plus saintes, à quoi peut arriver l'humanité?...

Si je devais m'attaquer à toutes les étrangetés amoncelées comme à plaisir dans l'œuvre qui m'occupe, à coup sûr la tâche serait au-dessus de mes forces, et d'ailleurs, elle écraserait un public dont il faut ménager la patience.

Il faut donc faire un choix, et pour abréger désormais, je me bornerai, puisque j'entre au cours de l'ouvrage, à certaines citations prises au hasard, suffisamment désignées, et à quelques mots de discussion sur chacune d'elles.

« J'ai vu l'escorte devenir une faction aux portes de la maison et
« du jardin......»

Mon Dieu, si on n'avait pas, de siècle en siècle, empiété sur les droits, éternels pourtant, d'une nation au sein de laquelle on a opéré la plus flagrante injustice en transformant les quelques serviteurs que l'on a pu y compter un jour en une foule de *choses* à son service, choses ne devant plus jamais avoir d'autre faculté que de rester en dehors de tout mouvement ascensionnel et libéral, ce serait bien l'auguste et exacte vérité. Le Père des fidèles n'aurait qu'une maison et un jardin... mais on n'aurait pas sous les yeux ni le spectacle déchirant de ces schismes, nés violemment de la désobéissance que les papes ont pratiquée envers les lois dont quelques-uns ont voulu leur représenter l'autorité, ni le honteux appareil de ces richesses qui contrastent, et si fort et si mal, avec l'humilité, avec la pauvreté du Christ, ni cette anomalie cruelle d'un souverain directeur des âmes, armé de l'épée qui tue !... sans souci de cette si grave parole :

Qui frappe par l'épée, périra par l'épée !!!

« On ne comprenait pas bien, en effet, à quel intérêt la France « obéissait en changeant brusquement de rôle... »

Cet *on* est bien vague, si j'en juge par le nombre que nous sommes de clairvoyants ; il faut cependant essayer de percer le voile pour cet *on*... en admettant qu'il ne se soit point fait des yeux pour ne pas voir : Louis XIV, que Monseigneur Dupanloup a rappelé, a fait étudier la question qui nous absorbe et qui déjà préoccupait sa grande époque, par des théologiens érudits ; ce sont eux qui, avec le concours de Bossuet, ainsi que je l'ai déjà dit, ont arrêté les bases des libertés gallicanes ; l'auguste chef de la dynastie impériale retrouva les mêmes préoccupations ; il remit la question à l'étude, et le Concordat devint la consécration, dans cette nouvelle grande époque, de ce qui était advenu sous Louis XIV : c'était, qu'*on* veuille bien le remarquer, le feu dont j'ai parlé aux premières pages de ce travail, qui faisait jaillir quelques étincelles de vérité, de dessous le manteau de cendres qui le recouvrait ; arrive notre époque, que la postérité à son tour, j'en ai pour ma part, et je ne suis pas le seul de mon avis, le pressentiment au cœur, décorera de nom de grande ; la vérité, en marchant à travers les siècles, avait eu ses glorieuses étapes, et le feu qui couvait a de nouveau jeté des éclairs !... Serait-il sage de le laisser dégénérer en incendie ? je ne le crois pas, et ce que je crois fermement, c'est que le memorandum que l'*on* a si beau jeu d'attaquer, puisque son auteur n'est plus là pour montrer le fond de sa pensée, n'est autre chose qu'une étincelle encore de ce feu que j'ai signalé ; s'il est vrai que la vérité du Seigneur demeure éternellement, il faut bien admettre que certains hommes deviennent ses instruments pour faire triompher sa doctrine : à mon sens, le comte de Cavour en fut un et en tout cas, ce n'est pas moi qui me chargerai, sur son corps à peine refroidi, d'insulter à ses pensées... c'est là un secret qui demeure entre Dieu et lui, et qui que nous soyons ici-bas, nous n'avons que le droit de le défendre contre toute attaque, d'où qu'elle parte, car il appartient à Dieu ; et vouloir devancer sa justice est une tendance sacrilége.

« Je ne parle plus ici du rôle de la France sous Charlema-
« gne... »

Et pourquoi pas ? si les actes de Charlemagne luisent comme la vérité, à l'appui des prétentions qu'émettent les amis du Saint-Siége, venant, hélas ! eux aussi, donner raison à cet autre proverbe : *Rien n'est plus fâcheux qu'un maladroit ami!* Mais en admettant pour un instant que la théorie du *domaine* pur que j'ai soulevée appartienne au royaume des rêves, est-il possible de s'appuyer sur ce qui guida les actes de Charlemagne pour donner la moindre valeur au temporel ?... sans parler des Carolins où Charlemagne est censé s'être occupé lui-même de questions théologiques et où les iconoclastes étaient approuvés, ce dont *on* oublie aujourd'hui de faire un mérite à ce souverain dont le *rôle fut si magnanime;* ne doit-*on* pas se souvenir qu'alors abandonnée par les empereurs d'Orient, qui, jusqu'au huitième siècle y avaient habité avec les évêques du Christ, sans que l'autorité de ces derniers en fût amoindrie, Rome était une place encore livrée aux exactions des

Barbares? Il fallait donc que les papes fussent garantis contre eux, car, personnifiant la religion sur la terre, ils devaient, à ce titre purement religieux, et n'était-ce pas assez... n'était-ce pas le sublime de leur rôle? Ils devaient, dis-je, être mis à même d'exercer en toute sécurité leur mission... de là, à n'en point douter, les donations qui leur furent faites par des souverains dont les empires étaient trop éloignés de Rome pour la protéger d'une manière efficace contre les vices du temps! Du reste, pourquoi se faire un monstre de la suppression définitive du temporel?...

Autres temps, autres mœurs... et l'autorité papale, pour n'avoir été à diverses reprises constatées par l'histoire, ou que nominale ou qu'amoindrie au temporel de Saint Pierre au VIII<sup></sup> siècle d'abord, époque durant laquelle le spirituel seul s'exerça; sous Othon I<sup>er</sup>, empereur d'Allemagne, c'est-à-dire en 9C3; sous Henri III, Henri IV, Henri V, autres empereurs d'Allemagne, c'est-à-dire de 1016 à 1122; plus tard de 1300 à 1377; plus tard encore de 1502 à 1814, laps de temps pendant lequel les États dits de l'Église subirent maintes transformations, et au bout duquel même ils furent définitivement séparés d'Avignon et du Comtat, l'autorité papale, dis-je, a-t-elle jamais cessé d'accomplir la mission spirituelle, qui était sa destinée, son essence?... Encore une fois, l'histoire est là pour montrer, par la succession non interrompue des Papes, que le temporel n'est pour *rien* dans la Papauté. Maintenant, et pour sa plus grande gloire, je me hâte de le proclamer, que reste-t-il du rôle magnanime prêté à Charlemagne, et que reste-t-il de cette grandeur attachée aux destinées temporelles de l'Église pendant *une suite non interrompue d'au moins dix siècles?*

Nous ne sommes plus au temps où les lumières étaient du domaine exclusif du clergé; elles se sont répandues partout, et avant d'en intercepter l'éclat, il faudrait au moins voir si le flambeau de l'histoire ne viendrait pas éclairer bien des démentis!...

« En gardant Rome, l'Empereur réalisait quatre grands avan-
« tages: il devait à cette occupation l'estime de l'Europe catho-
« lique. »

Et si en la maintenant, il ment à ses plus saints devoirs, devra-t-il donc acheter à ce prix honteux une estime qui reposerait sur des bases dont le temps a fait justice?...

« La tenue en respect de l'Italie révolutionnaire... » n'est-ce pas outrager bien gratuitement le vœu d'une grande nation à se constituer?...

« La gratitude du clergé français... »

Cette gratitude ne lui est-elle pas mille fois due? et par l'augmentation de traitement octroyé aux desservants des communes, et par les facilités accordées à l'établissement des ordres religieux sur toute la surface du territoire.., et par les églises relevées..., et par les basiliques nouvelles ouvertes au culte...., et par la protection qui couvre les missionnaires...., et par les immenses horizons jusqu'au bout desquels il a porté, avec ses armes, l'Évangile et la croix des Gallicans...., enfin, par ses pieux conseils au pontife romain!... Pour un clergé vraiment français, que de titres à la gratitude!...

« Et enfin une position politique et stratégique importante...»

A ce dernier argument, je reste sans force et sans voix!... Est-ce bien un prêtre du Dieu de paix qui en use?... Mais cela même fût-il, serait-ce jamais à un souverain de la France, serait-ce surtout à l'Empereur qu'il conviendrait de fouler aux pieds les droits d'un peuple qu'il a voulu arracher à une oppression, et les devoirs qui lui incombent de ce chef?... Comment associer de vive force à de tels débats des personnalités que les plus élémentaires convenances ordonnent de n'y point mêler?...

De même que Monseigneur d'Orléans, le lecteur me trouvera peut-être long; mais le champ s'agrandit devant moi à mesure que j'avance, et au moment où il semble utile à Monseigneur de discuter d'une façon décisive sur cette grande question qui va, dans quelques jours, solliciter les grands corps de l'État, il me paraît urgent à moi-même de ne pas le laisser se livrer seul à cette étude.

Monseigneur Dupanloup dit : *le Piémont* et *non l'Italie*, parce qu'il *a le devoir d'accuser*.

En disant le Piémont et non l'Italie, il manque de logique : dès l'instant où parlant de deux puissants souverains, de deux grands pays, il faisait, pour l'un, allusion à S. M. le roi Victor-Emmanuel, il lui devenait interdit d'isoler le Piémont de l'Italie, car, le Piémont, seul, n'est plus un grand pays, et son roi ne peut plus être un puissant souverain! Quant au devoir d'accuser qu'il prétend avoir... où le prend-il? Je ne veux pas revenir sur les devoirs des ministres du Dieu de miséricorde, mais à coup sûr celui-là n'en fera jamais partie.

Parmi les griefs que Monseigneur Dupanloup met à la charge du Roi d'Italie, du Roi galant homme [1], c'est-à-dire, du Roi homme

[1] Je trouve au *Moniteur du soir* du dimanche 5 février 1863 quelques mots qui prouvent à quel point Monseigneur Dupanloup se méprend sur

d'honneur, je n'en relèverai que quelques-uns, sur lesquels il me paraît bien imprudent qu'un Évêque ose déverser le blâme.

« La loi sur le mariage civil, votée, le 5 juin 1852, malgré le « Pape, malgré le Concordat, malgré les Évêques. »

Mais que se passe-t-il en France? Et est-ce bien fondé de venir reprocher à un état voisin de nous imiter?...

« La loi d'octobre 47, soumettant les écrits des Évêques à la *censure préventive:* »

En France encore, échappe-t-on, parce qu'on est Évêque, à la vindicte des lois?...

« L'omnipotence de l'État sur l'Église... » En France toujours, lequel des deux domine l'autre?

« Enfin que l'Église catholique, et spécialement le Saint-Siége, « est l'auteur du schisme d'Orient. »

Sans m'arrêter à l'expression qui me paraît, à moi, profane à tous les titres peut-être, un peu bien incorrecte, je crois qu'il me reste peu de chose à dire sur ce sujet que j'ai déjà effleuré [1].

L'histoire jette sa lumière inflexible sur les faits qui ont amené ce résultat douloureux et l'esprit de conciliation, qui fait défaut au

le compte de ce Souverain....., et même sur l'état auquel est réduit le *Piémont* sous le rapport du clergé.

Passant rue du Pô, il a rencontré une procession qui portait le Saint-Sacrement. Le Roi d'Italie a fait arrêter sa voiture, et s'étant agenouillé, il a reçu la bénédiction du Prêtre qui représente le Pontife. Tel est le dernier acte que Turin se rappellera du Roi Victor-Emmanuel.

[1] Voir ce que j'ai dit précédemment à propos de la maison et du jardin du Pape.

Saint-Siége aujourd'hui, ne fut pas une des moindres causes du schisme d'Orient.

Quant aux autres griefs complaisamment énumérés par Monseigneur Dupanloup, et puisés par lui dans les pamphlets d'hommes hostiles à l'état de choses actuel, plus encore que dans l'étude impartiale des faits, lesquels auraient pu lui prouver que partout les régénérescences sociales ont provoqué des secousses et des désastres qui doivent seuls incomber aux imperfections de notre nature, je léguerai le soin d'en faire justice, si mieux n'est de les laisser pour ce qu'ils valent, et quel que soit le caractère de l'homme qui s'en est fait le dernier écho, à des personnages dont la parole pourra avoir quelque poids dans le débat; je ne saurais trop le redire : il me semblerait me faire complice de la coupable irrévérence qui s'en est servie si, voyant nos pauvres bénir la Princesse Piémontaise qui les console et les soulage, j'osais joindre ma voix aux détracteurs de sa patrie et de son noble Père.

Donc, je passe outre.

Monseigneur Dupanloup accuse encore, car il n'a pas épuisé ce devoir..., les Piémontais de baptiser de l'épithète de brigands les Napolitains, qui ne veulent pas d'eux. Mais quel système, si ce n'est un système de sang, pouvait écraser ces brigands qui soudoyés... ô horreur! et même honorés par un roi déchu, allaient semer la terreur au sein des campagnes napolitaines, égorgeant les vieillards, arrachant les enfants du sein de leurs mères, éventrant celles-ci et jetant aux caresses du vent, aux pierres et aux ronces du chemin, les fruits incomplets et encore palpitants de leurs entrailles... *On* cite bien ce qui est à la charge des lieutenants du Roi... mais ce qui excuse leur barbarie de circonstance, barbarie à laquelle ils n'ont eu recours que réduits aux dernières extrémités, mais ce qui ressort du flot croissant de massacres auxquels il n'y avait qu'un système de sang à opposer... oh! cela, on ne le cite pas : *Cela n'est pas juste.*

Tant aimer la justice et faire deux poids et deux mesures...! *Cela n'est pas juste.*

Vanter un rejeton du royal sang de Bourbon qui avilit sa race, en sa personne, jusqu'à choisir des bandits sans foi ni loi pour exécuteurs de ses hautes œuvres sur des peuples qui avaient assez souffert et qui ont voulu respirer à l'ombre de la grandeur de l'Italie régénérée, et souiller des plus ignobles tendances un de nos alliés, *cela n'est pas juste.*

Laisser entrevoir que l'Empereur oublie ses devoirs, et qu'il perd tous droits à la gratitude du Clergé français, *cela n'est pas juste.*

*La France,* dit plus loin Mgr Dupanloup, *n'accorda ses millions de suffrages à l'Élu du suffrage universel que par suite de son appréciation sur la* SOUVERAINETÉ TEMPORELLE, *qui, écrivit-il à cette époque au Nonce apostolique, représentant du Saint-Père à Paris,* EST INTIMEMENT LIÉE A L'ÉCLAT DU CATHOLICISME, COMME A LA LIBERTÉ ET A L'INDÉPENDANCE DE L'ITALIE.

Mais les hommes, dites-vous, sont sujets à l'erreur; au Saint-Père seul, prétendez-vous, est échue l'infaillibilité, et vous accordant pour un peu que tel ait été le motif pour lequel la France a confié son sort à l'héritier du grand nom de Napoléon, il m'est bien permis de vous blâmer de lui faire un crime à lui d'avoir réformé ses opinions!... Jusqu'alors cet héritier si digne avait vécu dans l'exil; les documents diplomatiques de son pays, ces pièces irrécusables de l'histoire politique propre à la France lui avaient fait défaut, et il lui était bien loisible de se former, par l'examen sévère qu'il a pu faire de ces matériaux, avec le soin qu'il apporte dans tout ce qu'il entreprend pour la gloire de son pays, d'autres convictions! Cependant il ne m'appartient pas de préjuger des intentions de l'Empereur : je ne puis, en constatant son filial respect pour le successeur de saint Pierre, respect qui ne s'est pas un instant démenti, respect dont il n'a pas ménagé les gages, que constater aussi que, jamais, la France n'a songé à réclamer du Prince qu'elle invoquait en ses jours de péril les engagements qui lui sont aujourd'hui rappelés comme un reproche de sa conduite.

Mgr Dupanloup arrive aux déclarations répétées et de l'Empereur et des organes du gouvernement, relatives au maintien du pouvoir temporel du Saint-Père; or, ayant déjà établi ma divergence d'opinion sur ce point, avec les augustes autorités qu'il invoque, je fatiguerais le lecteur, en y revenant, de redites inutiles ; je n'ai cité ce passage que pour montrer avec quel soin il s'attache à ôter à l'Empereur toute faillibilité en dehors d'un principe qui, somme toute, ayant fait son temps, tombera par son propre discrédit, et sans qu'il soit donné à personne de pouvoir le relever, pas même, j'ose l'affirmer, à l'Empereur!...

« Le gouvernement italien n'a nullement renoncé à faire flotter son drapeau sur Rome capitale. »

Et plus loin :

« Le gouvernement du Roi ne s'est engagé à aucune condition qui interdise au royaume d'Italie d'accepter l'annexion de Rome. »

Ces deux reproductions de journaux semi-officiels, et interprètes de la pensée gouvernementale, sont faites dans le but évident de soutenir les accusations que Monseigneur Dupanloup entasse comme avec rage... Mais est-il bien venu à y voir des moyens utiles à sa cause? On ne peut mettre en doute ce que le général La Marmora a si bien exprimé, à savoir : *Que les aspirations d'un peuple appartiennent à la conscience nationale, et que personne n'a rien à y voir;* de quel droit reprocherait-on aux sociétés ce qui ne saurait être refusé aux individus? Les hommes politiques qui sont au-delà des Alpes sont autrement placés que nous pour juger des événements et des choses, et si tant est qu'il soit exact de prévoir, dans le sens que lui donne l'écrivain, ce qui suivra le départ de nos troupes de Rome, il n'y a lieu qu'à déplorer que la papauté, en se maintenant en travers des lois immuables de la vérité en marche, en se soustrayant elle-même aux conditions de sa nature, ait ainsi, de siècle en siècle, tracé jusqu'à ce jour les chances de son avenir !... Et serait-il donc préférable, le pape exerçant son autorité spirituelle, *urbi et orbi*, de quelque lieu où il se place, de laisser l'anarchie, la révolution, s'implanter au cœur de Rome, plutôt que d'y concentrer toutes les forces vives de ce peuple italien régénéré? Et parce que les deux pouvoirs royal et et papal seraient inconciliables, ce qui n'est rien moins que prouvé, les huit premiers siècles de notre ère étant là toujours pour le démentir, s'ensuivrait-il que le Pape, s'exilant lui-même du Vatican, le Roi devrait rester aux portes de la ville? On ne saurait, sans insulter aux droits et aux devoirs que réunit cette double situation, se renfermer dans une telle appréciation, et Rome est assez grande, elle s'illustre par trop de monuments, les uns royaux, les autres religieux, pour ne pas laisser admettre qu'il y ait place dans ses murs pour ces deux autorités, redevenues amies..., comme elles n'auraient jamais cessé de l'être si, dans la Rome papale, on avait daigné comprendre qu'au milieu des temps qui progressent, l'immutabilité est un mythe impossible à réaliser.

Il n'est *ni juste*, ni sage, de s'évertuer à chercher dans ce qu est dit, autre chose que ce qui en ressort d'une façon éclatante; et, par cela seul que le Ministre de l'Intérieur du royaume d'Italie affirme que la France, en traitant de Rome sans le Pape, a reconnu implicitement que l'Italie seule y avait droit, est-il *juste* d'en induire que c'est de la Rome religieuse qu'il s'agit? Non, et les sentiments exprimés à Pie IX par le Roi, et les déclarations faites à la face du pays, à la face du monde, par ses ministres, prouvent surabondamment qu'il ne s'agit que de la Rome civile. — Il ne faut pas par des arguments spécieux, surprendre et irriter la bonne foi publique. — On a trop longtemps entendu par ce mot, *Rome*, l'existence du Saint-Siége : C'était un langage figuré que tout esprit non prévenu doit se refuser, du moins est-celà le sentiment que bien d'autres partagent avec moi, à laisser passer dans la pratique... puisqu'il peut couvrir des altérations aussi énormes de la vérité. — Le Pape a sur Saint-Pierre des droits imprescriptibles que nul ne songe à lui disputer, mais sur l'un de ces palais où il réside, le Roi peut faire entrer les siens... surtout si l'on se rappelle que Notre-Seigneur Jésus-Christ ne logeait pas, Lui, dans des demeures où le faste le disputait à l'orgueil !... Voilà aussi ce qui est imprescriptible !... Et quand plus loin M. de la Marmora est blâmé de dire : *Nous irons en avant avec prudence et lenteur !...* C'était bien plutôt le cas de lui savoir gré de concilier avec une saine prudence, qui s'efforcera de ménager les aspirations nationales et la Papauté, les devoirs que les unes imposent et les droits qui doivent être respectés chez l'autre.

Voilà *ce qui est juste* ; penser et dire autrement, voilà *ce qui n'est pas juste.*

Prétendre qu'il ne saurait être permis de dire bien haut que *Rome*, la Rome civile, entendons-nous, *n'est pas* et *ne peut pas être aux Romains, mais est et doit être aux Italiens*, c'est, d'une part, dénier aux Romains le droit de prendre leur part légitime du grand mouvement qui travaille l'Italie..., et d'autre part, refuser aux Italiens d'être les maîtres de leur capitale vraie... Souvenez-vous donc, ô vous qui allez si loin, du *tolle* général qui poussa les campagnes vers les murs de Paris, quand en 1818, elles purent croire que Paris voulait être libre de lui-même ! Or, cela non plus, *ce n'est pas juste.*

Je ne saurais, sans rougir pour le gouvernement de mon pays, sans gémir sur les extrémités de langage auxquelles un évêque même se laisse entraîner, lui entendre dire qu'on *engage le Saint-Père à appeler de braves jeunes gens de France, de Pologne et d'Ir-lande, pour les exposer à un guet-apens.*

Le droit d'ainsi parler..., où le puisez-vous? Est-ce comme évêque, est-ce comme citoyen, est-ce comme homme d'honneur que, voyant au bas d'une Convention le sceau de la France, la signature de l'Empereur, vous osez proférer de pareilles énormités?...

Que dire, pour justifier ces énormités, je le répète, de l'apologie impie de ce prince que l'écrivain nomme encore le Roi de Naples, fiche de consolation que l'on peut bien lui laisser, si sa jeunesse a besoin de si pauvres hochets, mais que la morale publique défend de plaindre, quand on songe aux moyens réprouvés qu'il a bien eu le courage d'employer, à l'ombre de cette pourpre romaine qui le protége, pour ressaisir sa couronne perdue?...

Ah ! Puisse le Dieu juste auquel Monseigneur l'Évêque se confie, ne jamais s'armer contre lui de ces incroyables erreurs !...

Me voici arrivé à ce que, dans mon humilité, je considère comme un des points les plus brûlants de la brochure que j'ai décidé d'examiner. — Je l'ai lue et relue avec l'attention la plus scrupuleuse, et moi aussi, je me suis demandé plus d'une fois si *dans la haute position qu'il occupe*[1], *répandant l'enseignement du haut de sa chaire épiscopale, ce n'était pas un devoir rigoureux* pour Monseigneur d'Orléans *de n'adopter aucune opinion sans l'examiner, et de ne chercher ni à défendre ni à établir comme vérités les préjugés* sur lesquels il appuie son argumentation !...

Les regrets amers qui de mon cœur ont monté jusqu'à mes yeux que les larmes ont mouillés, se sont fait jour surtout quand me rappelant les misères de la France, malgré les efforts de la charité incessamment dirigée et secondée par la famille Impériale, songeant aux devoirs que chacun doit remplir vis-à-vis du commerce en proie à de si sérieux embarras depuis quelques années, j'ai vu Sa Grandeur attaquer d'une façon si dégagée la question ARGENT. Je ne voudrais à coup sûr rien jeter dans le débat de trop irritant, mais enfin en voyant le denier de Saint-Pierre produire des millions pour le Pape, premier organe, dans le catholicisme, d'un Dieu tout

---

[1] Réponse de M. l'archiprêtre J. Wassilieff, aumônier de l'ambassade russe à Paris, à Monseigneur l'Évêque de Nantes.

humble, tout miséricordieux, tout douceur, tout pauvreté... à ce point qu'il a toujours choyé plus particulièrement les pauvres qui étaient plus spécialement ses frères ;... en voyant les familles riches de Paris décider que cet hiver encore, elles s'abstiendront de donner des fêtes, afin de faire hommage d'un million au vicaire de Jésus-Christ, à l'occasion des fêtes de Pâques [1];... en voyant des propriétaires appartenant à la moins incontestable noblesse retrancher sur les gages de vieux serviteurs infirmes pour accroître le taux de leurs offrandes au Pape..., mais non diminuer leurs frais de représentation journalière... [2]; n'a-t-on pas quelque droit à se plaindre? D'autre part, ce clergé qui paraît disposé à marchander sa gratitude au Souverain, ne devrait-il pas, au contraire, le bénir sans cesse de laisser s'accomplir, sans y mettre un obstacle facile et qui ne serait *que juste*, qu'il me soit permis de le proclamer, un tel dépouillement des classes malheureuses et ouvrières? Donc le Pape ne manque pas *d'argent*, et s'il n'avait pas une cour ruineuse de serviteurs qui déchirent sans cesse les mailles de sa bourse, il ne serait ni l'occasion de tant de scandales, ni l'objet de tant d'inimitiés, car ces serviteurs, pour la plupart, ardents à la curée, l'enlacent dans leur tortueuse soumission, et, au lieu d'être l'esclave de son mandat..., il n'est plus que celui de la situation qu'ils lui font. C'est de cette situation *que le doux et noble Pie IX*, dit cette fois avec une grande vérité Monseigneur Dupanloup, car on a pu le juger alors qu'Il obéissait à ses propres impulsions, c'est de cette situation, dis-je qu'Il porte le poids..., qu'Il portera les peines !... Car ce n'est pas dans son mandat qu'Il

[1] *Journal du Loiret*, vendredi 13 janvier 1865.
[2] J'ai été personnellement témoin d'un fait de ce genre.　　　　N. D.

trouve cette force d'inertie avec laquelle Il résiste à toutes les prières, à tous les conseils, et ce n'est pas non plus son mandat qui le conduit à garder quand même, jusqu'au martyr peut-être, ces possessions territoriales pour la défense desquelles Il détourne de ce mandat même tant d'heures qu'Il lui doit pourtant toutes !...

C'est un hommage, c'est une justice rendus, mais aussi c'était un encouragement à les réaliser, que cette mention officiellement faite dans le traité de Zurich, *des généreuses intentions déjà manifestées par le Souverain Pontife*, et j'y faisais tout à l'heure moi-même une claire allusion en établissant qu'on avait pu le juger, alors qu'il obéissait à ses propres impulsions: en acceptant l'hommage, que n'est-il entré résolûment dans la voie que lui rouvraient les encouragements, et dans laquelle il eût trouvé l'appui de tous les intéressés?...

Au lieu de cela, ce n'est qu'à la force de l'inertie que son entourage l'a conduit, et au lieu des paroles de paix que ses défenseurs devraient prononcer, il faut de sang-froid leur entendre dire *qu'après avoir reçu de lui la demande du retrait de nos troupes, parce qu'il répondait de la sécurité de ses États, en 1859, cette sécurité n'a été troublée que par notre glorieuse campagne d'Italie* !... En un mot, comme en cent, nous sommes les auteurs des embarras du Saint-Siége... et le sacré collège, et les évêques n'y sont pour rien; au contraire, c'est dans leurs rangs seuls qu'il trouve le zèle qui le soutient, les défenseurs qui le consolent; les remparts qui le protégent! Jusques à quand donc abusera-t-on de sa bonté... de sa douceur... de sa faiblesse... tranchons le mot, et aussi de notre patience?...

Et pourquoi rejeter sur l'Italie seule les perplexités du présent, les dangers de l'avenir..., puisqu'on avoue que les conseils mêmes de la France ont été dédaignés... à l'instant où on vient de la blâmer d'abandonner son rôle? En bonne conscience, peut-on bien invoquer le passé? Et de même que je ne saurais être forcé à entourer de mes soins celui qui n'accueillerait, dans sa détresse, aucun de mes avis, comment pourrait-on contraindre l'Empereur à sacrifier une partie des ressources de la France pour protéger à perpétuité contre lui-même, et contre un allié, qui, lui du moins, se soumet à ses inspirations..., contre la désaffection progressive des Romains et contre l'opinion de ses propres sujets, aussi bons chrétiens que lui..., un Pontife, un Souverain qui repousse par une fin de non recevoir constante, et ses bons offices et ses conseils?...

« Quant aux conseils de réforme, le gouvernement romain les a devancés, écoutés, acceptés, *cela est encore officiel*, à condition que l'on garantirait le pouvoir temporel... »

Mais, est-ce que cette condition dépend des hommes qui gouvernent? Est-ce qu'ils peuvent disposer[1] de tout ce peuple qui proteste contre l'abus que l'on fait de lui-même, et qui se débat contre l'immutabilité à laquelle il ne veut plus être condamné!... Est-ce que ce principe si noble de la *non intervention* pourrait s'allier jamais avec l'emploi de cette contrainte d'où ne pourrait résulter que 'a révolte et ses excès... sans qu'une voix pût s'élever pour la flétrir?...

Ce que l'on demande pour la papauté, ce qu'on veut donc pour

---

[1] Faudrait-il leur appliquer le système encore suivi dans cette libre et loyale Angleterre où l'on met en vente des bourgs et des électeurs?... Le catholicisme envierait-il cette liberté du régime protestant anglais?

elle, c'est l'arrêt de mort de son autorité, car, si l'Empereur dont la fermeté égale la prudence subissait ce qu'on exige de lui, un abîme immense s'entr'ouvrirait sous les pieds du pouvoir pontifical, qui sans doute n'y disparaîtrait point pour jamais... en raison de ses profondes racines dans la chrétienté, mais qui ne pourrait se relever que sur des ruines, après avoir, sans nul doute aussi, perdu non son prestige que les besoins religieux lui conserveraient, mais ce temporel pour lequel il se débat en vain, car le flot qui monte le lui arrachera comme une arme dangereuse, inutile, et qui ne lui appartient pas.

J'approche enfin du terme de mon étude sur la première partie de l'œuvre de Monseigneur Dupanloup, et je n'en puis croire mes yeux, car, je le vois appliquer au sujet qui l'occupe et qui soulève tant d'opinions diverses, cette parole du Christ: « Que celui qui « est sans péché lui jette la première pierre!...»

En disant:

« S'il est dans cette Europe qui laisse vivre la Turquie et mourir « la Pologne des nations assez libres et assez parfaites pour avoir « le droit de reprocher au gouvernement romain des imperfections, « qu'elles se lèvent donc, et qu'elles parlent! »

Mais, Monseigneur, si Votre Grandeur arrive à cette fin, en convenant implicitement que ce gouvernement que vous défendez a cependant des imperfections, comment n'a-t-elle pas réfléchi tout d'abord que nul ne pouvant se prétendre parfait, il appartenait moins à un évêque qu'à tout autre, à un évêque duquel les fidèles attendent la parole de vérité, de se mêler aux tempêtes sociales... pour jeter lui-même la pierre...? Quel que soit le rôle du Souverain-

Pontife, jusqu'où que puissent aller ses pouvoirs, ils ne s'étendent pas à transmettre à ses coopérateurs l'infaillibilité dont il jouit, aussi, Monseigneur, peccable comme nous, puisque vous devez compte de votre conduite à son autorité souveraine, ne pouvez-vous vous croire assez parfait pour sortir de votre rôle d'humilité enseignante, au point de parler comme vous le faites!... Un mot encore; d'après ce système, qui aurait ses avantages incontestables, *s'il pouvait entrer dans la pratique universelle*, ce que nul ne doit croire admissible... pas plus vous, que qui que ce soit, n'a la faculté de se jeter dans les luttes qui affligent à bon droit les gens de cœur..., mais dès l'instant où dépouillant toute obéissance à ce principe sacré, vous êtes le premier à descendre dans l'arène, à vous arroger le devoir d'accuser, de quel droit venez-vous nous interpeller de la sorte? Vous nous prêchez d'exemple, et nous vous imitons... qu'y a-t-il là d'étrange et de condamnable?...

Monseigneur l'évêque doit savoir *que qui veut trop prouver, ne prouve rien;* en assimilant le grand parti italien aux Jacobins qui se nommaient le peuple français, il abuse du langage figuré et dépasse le but; non, ce grand parti de l'Italie, qui embrasse le royaume d'un bout à l'autre, n'a jamais songé à se réconcilier avec le Pape dans les conditions qui lui sont prêtées : il ne demande pas d'ailleurs une réconciliation avec *le Pape,* il ne prétend pas à chasser *le Pape* du vatican; ainsi que le cardinal Antonelli l'a fort bien dit, mais poussé comme malgré lui à proclamer cette vérité, *l'Italie et la Papauté ne sont point ennemies;* ce que l'on veut, la réconciliation que l'on demande, c'est que le roi ne s'incarne plus dans le Pontife, c'est que les terribles responsabilités du temporel ne continuent plus à gêner l'admirable exercice du spirituel.

Peut-on bien oser prétendre *qu'il y a là une indignité nouvelle, et comme un outrage à la majesté de sa justice en même temps qu'à la clémence de son cœur ?*

Un tel langage révolte ma conscience de chrétien, ma conscience de citoyen, ma conscience d'homme d'honneur, et quand on termine en rendant, par avance, la France et l'Empereur responsables, complices, dois-je dire, de la dépossession dont la Papauté est menacée, dépossession encore une fois qui ne touche qu'au temporel dont les saints et martyrs Évêques des huit premiers siècles se sont bien passés... je m'arrête,... je m'interroge,... je prie Dieu de m'éclairer,... je sonde le passé,... je vois le vide devant moi,... et je ne comprends pas que tant de fiel entre au cœur des Prêtres, dont les adorations s'adressent à un Dieu de mansuétude, que l'esprit de vérité leur échappe... quand rien ne leur manque pour le voir luire à leurs yeux, que tous enfin, tant que nous sommes, qui voudrions sauver le Pape de la triple couronne, nous soyons voués à un tel excès d'indignité.

Il ne me reste plus qu'une considération à présenter, elle a bien quelque poids, et je me reprocherais toujours de l'avoir omise : Monseigneur Dupanloup que la charité chrétienne n'anime pas au point de supposer que quelqu'accommodement soit possible entre deux pouvoirs qu'il persiste à regarder comme rivaux, bien que ne se reconnaissant aucune qualité pour dire ce que ferait le Pape si Victor-Emmanuel venait à entrer dans Rome, Monseigneur Dupanloup, dis-je, continue son rôle de grand accusateur, et il veut supposer que Pie IX en sortira... cette fin est certainement logique avec ses premiers dires... mais, ce qui blesse encore une fois ma conscience, et ce qui ne satisfait plus, ce me semble, pas même la sienne, c'est l'alternative si douloureuse, dit-il, qui se présente à ses regards !

« Ou bien, proscrit, il ira de ville en ville, comme le Divin
« Maître, sans avoir un asile où reposer sa tête. Quel spectacle et
« quel remords!...»

Là encore mon intelligence se trouble et je ne comprends plus : quoi ! Il serait comme le Divin Maître, et il en serait humilié... s'il y a un douloureux spectacle, c'est celui de ces cœurs qui prient le ciel de les éclairer, bien fermement résolus à ne rien entendre ! si le remords doit ronger des cœurs,... ce sont ceux qui avouant les misères du Christ, dont ils se disent les représentants, habitent des palais... et auxquels rien ne manque !

« Ou bien une puissance catholique lui offrira une résidence
« souveraine. Il y sera reçu en Roi. Les ambassadeurs l'entoureront.
« Cette puissance ne sera pas la France; hélas ! qui aura contribué
« à ses malheurs... Le jour où le Pape serait dépossédé, après
« notre abandon, la France serait déshonorée. »

Et c'est un Évêque Français qui parle ainsi!!! La France, qui depuis onze ans n'a cessé de combler la Papauté de ces trésors de toutes sortes ; cœur, respects, soldats, conseils, argent, sang même elle a tout mis au service d'une cause qu'elle espérait sauver, et parce que ces misérables intérêts temporels seront tombés par le vice radical de leur origine, ce sera la France qui sera déshonorée,... ce ne sera pas elle qui pourra offrir au Pontife, à Pie IX, son protégé de onze ans, l'asile sacré qu'une susceptibilité exagérée lui rendrait nécessaire! Allons donc! cela ne souffre pas la discussion et nul spectacle à coup sûr ne serait plus digne de tous les respects, ne résumerait mieux toutes les grandeurs, que celui du Père des fidèles allant porter de Royaume en Royaume ces Saintes bénédictions qu'aucune loi, jamais, ne lui imposa de distribuer de loin, et comme attaché au rivage...

Notre Seigneur Jésus-Christ, dès avant d'être proscrit... allait répandant devant lui, et autour de lui, les secours efficaces de sa parole... Et le Pontife romain serait rivé au Parvis du Vatican... Mensonge impie... sacrilège; Non cela n'est pas... tel n'a jamais été, tel ne sera jamais l'esprit de la Papauté... et aveugle qui oserait soutenir le contraire. Non, tel ne saurait être le résultat de la Convention, et ne parvînt-elle pas à sauvegarder l'indépendance temporelle, que nul n'oserait en faire un crime à la France, car c'est là que serait le crime.

# III

**Etude de la deuxième partie de la Brochure
de Monseigneur Dupanloup.**

Si je n'avais sous les yeux la traduction officielle de la Lettre encyclique, je n'oserais qu'à peine en parler, — je ne suis ni un théo-
logien expert, ni un profond latiniste, et, manquant des lumières
essentielles, n'ayant que la bonne foi des pauvres d'esprit, je ne
saurais sans doute pas discerner le juste de l'injuste. — Je n'appar-
tiens ni au Gouvernement ni au clergé, et y eussé-je accès, que ce
ne serait pas une raison pour moi de ne pas me défier de moi-
même; car, de l'avis de Monseigneur Dupanloup, les ministres
n'ont pas su traduire le langage de l'Encyclique, tandis qu'avec
une modestie dont il possède le secret à si haut degré, le docte
évêque avoue que sa science personnelle lui a permis de constater,
au détriment des divers journaux et jusque dans les appréciations
gouvernementales, *d'étranges contre-sens*..... Monseigneur néglige
de parler des hommes qui composent habituellement le clergé,
mais n'étant pas obligé, par état, à exempter de la possibilité de

l'erreur ces mêmes hommes, c'est dans la foi profonde que j'ai de l'inaptitude du plus grand nombre d'entre eux à interpréter le vrai sens de l'Encyclique, que je disais tout à l'heure que si j'avais eu l'honneur d'être un de ces hommes, j'aurais attendu ou qu'une traduction officielle, peut-être incomplète encore, eût été fournie (et ce sera celle que je consulterai dans le cours de ce travail), ou que Sa Grandeur eût daigné nous donner des explications qui, émanant de lui, eussent eu alors le vrai caractère du juste. Monseigneur s'est borné à signaler les erreurs d'autrui, nous devons déplorer que n'ayant dans les rangs laïques que des ignorants, il n'ait pas eu la charité de nous éclairer jusqu'au bout par une traduction à lui, complète et exacte.

A propos donc, ou mieux, en dehors de la discussion que Monseigneur s'est donné la tâche de soulever, il a jugé à propos de revenir sur l'argumentation que la convention lui avait inspirée....., je ne le suivrai pas dans cette marche rétrograde, où me trouvant en présence des mêmes pensées sous d'autres expressions, il me faudrait, moi qui n'ai ni prétention au bel esprit, ni apparence de droit à m'en croire un, me livrer à des redites qui fatigueraient moins le public qu'elles ne nuiraient à mon œuvre.....; c'est bien assez pour cela, d'avoir, si petit que je suis, osé l'entreprendre.

Il me faut cependant, car *je sens aussi que c'est le moment de dire une parole utile,* justifier ceux qui sont *accusés* de blâmer comme *inopportunes* les paroles du Pape : Monseigneur prétend que c'est *importunes* que l'on aurait dû dire.

Monseigneur, ou se trompe de bonne foi, ou sciemment jette à à ses adversaires un nouveau ferment de discorde : dans l'un ou l'autre cas, il est bon de rendre aux mots leur véritable sens. C'est donc bien *inopportunes* que l'on a voulu dire, et non importunes. A tout prendre, nous ne sommes pas si enfants qu'il veut bien le penser, et les remontrances de l'Encyclique n'ont vraiment pas qualité pour être importunes; leur caractère d'*inopportunité* est, tout au contraire, des plus flagrants, et c'est la raison qui a excité contre elles tant de tempêtes, car pour ceux qui voudraient que l'Église restât respectée, qu'elle fût toujours en dehors et au-dessus des misérables intérêts temporels que l'on agite autour d'elle, il ressortait malheureusement de cette publication inattendue l'occasion mille fois regrettée d'attaquer, dans la personne des ministres du culte, dans leur personne, j'insiste sur ce sens de ma pensée encore une fois, des principes à l'ombre desquels des ministres se placent pour semer l'irrévérence à l'Église, l'irrespect à ses lois!... Pour ceux-là, et je me fais gloire d'en faire partie, la connaissance de l'humanité, non pas telle qu'on la voudrait, mais telle qu'elle est, ressort des enseignements de l'histoire, et nous craignons toujours que du sein des masses surexcitées mal à propos par des questions de détail, ne s'échappent des flots de mécontentement qui ne tendent à s'élever jusqu'à des hauteurs dont la majesté pourrait devenir, hélas! impuissante à les arrêter.

Voilà pourquoi ces paroles ont été jugées et ne sont que trop réellement *inopportunes*. L'examen qu'il me reste à faire de quelques-uns des points traités dans l'Encyclique, prouvera surabondamment que le moment où la papauté soulève de semblables propositions, les mêlant à des principes erronés qui ne supportent eux-mêmes pas l'examen, est complétement *inopportun*. — La méthode et les principes d'après lesquels les anciens docteurs scolastiques ont cultivé la théologie ne conviennent plus aux nécessités de notre temps et au progrès des sciences [1].

En condamnant cette déclaration, le Saint-Siége, auquel dans le passé on ne peut dénier une haute influence sur la diffusion des lumières, semble regretter les grandes destinées auxquelles il a été associé; et sa marche rétrograde, en le condamnant lui-même, montre à quel point il est impolitique à lui de fournir à ceux qu'il veut bien qualifier de ses ennemis, des armes aussi tranchantes : il était donc *inopportun* de rappeler ce point.

Tout le § 3, sous la dénomination d'*indifférentisme* et de *latitudinarisme* est également frappé des foudres papales : mais alors, que deviennent les hommes de bien, et il en est un grand nombre, appartenant aux cultes dissidents? Et par cela seul qu'ils ne sont pas soumis aux dogmes seuls acceptés par l'église latine, s'ensuit-il qu'ils ne peuvent être agréables à Dieu?... Le temps des auto-da-fé a fait place, non à l'*indifférentisme*, mais à la liberté de conscience, et dès qu'un homme, bien qu'agissant et pensant avec son libre arbitre, adore Dieu, aime son prochain, le secourt, le console..., est-il donc admissible que le salut de son âme, occupée de soins si tendres et si pieux, lui soit refusé?...

Il était donc *inopportun* de frapper à nouveau ce qui est la base de cette grande justice : La liberté des cultes.

Envelopper dans le même anathème les subversives idées qui ont donné naissance au socialisme, au communisme, aux sociétés secrètes, et les règles qui régissent les sociétés bibliques, les sociétés clérico-libérales, en les qualifiant toutes de *pestes*, n'est

[1] §§ 2; 13.

autre chose, au § 4, que la confirmation du § 3, et le signaler suffit.

La pluralité des articles du § 5, aussi flagellés, était de nature à faire réfléchir le Souverain-Pontife, et à lui faire au moins remettre à des temps plus propices, sinon à écarter sans retour, ceux que pour abréger, je me bornerai à désigner par leurs numéros d'ordre. — XX — XXII, XXIV, — la connaissance la plus imparfaite de la sublime morale du Christ en est garant. — XXVII, en effet, si le royaume de Dieu n'est pas de ce monde, comment ceux qu'il a institués pour répandre sa doctrine d'âge en âge justifieraient-ils de leur immixtion dans les choses temporelles... et parce que, par déférence pour leurs lumières individuelles, l'État consent à les faire entrer dans ses conseils, peuvent-ils s'en faire un droit à en juger toujours et partout?... — XXVIII, nous revenons ici à ce qui fait le fond de la discussion actuelle; j'en ai établi les raisons ailleurs.—XXXVIII, cela ne fait plus l'ombre d'un doute; j'ai déjà dit que sans le peu d'esprit de conciliation, qui, à en juger par l'époque actuelle, paraît animer les dépositaires du pouvoir romain, on n'aurait pas eu à déplorer les schismes qui divisent la chrétienté; mais pour en convaincre les plus incrédules, je les renvoie à la lumineuse discussion qui s'est engagée sur ce point entre M. l'archiprêtre J. Wassilieff, que j'ai déjà eu occasion de nommer, et monseigneur de Nantes.

Le titre du § 6 sollicite l'attention de Monseigneur l'évêque, et s'il ne se retenait, on le dirait tenté d'infliger des pensums à ceux qui ont aussi outrageusement sur ce point encore, dénaturé l'Encyclique. Je crois cependant que Sa Grandeur elle-même aurait pu pardonner à l'erreur qu'il dénonce, car, si l'on ne s'est pas assez strictement attaché à la lettre, on n'en a pas moins fidèlement respecté l'esprit du document : ERRORES DE SOCIETATE CIVILI, dont on a fait *erreurs de la société civile*, ce dont le sens vrai, au dire de Sa Grandeur n'est autre que : *erreurs sur la société civile*, a pourtant, suivant la traduction officielle, une autre explication, puisque c'est ainsi exprimé : *erreurs relatives à la société civile*. En se rendant compte des erreurs dénommées telles en ce paragraphe, on est étonné de voir quelle analogie existe entre *erreurs de* et *erreurs relatives à*. Aussi je me demande, quand on est si haut placé que Monseigneur Dupanloup, et quand on a tant de sujets autrement graves à traiter, s'il n'y a pas abus à s'occuper d'aussi infiniment petits. Mais sont-ce bien des *erreurs*, en somme, que le Saint-Siége réprouve ici ? — XXXIX, l'État, comme étant l'origine et la source de tous les droits, jouit d'un droit qui n'est circonscrit par aucune limite : — ceci est exact dans le strict sens du terme, et il y a d'autant moins motif de blâmer cette thèse que ceux qui l'ont posée en principe se sont sévèrement abstenus de parler en même temps des devoirs..., ce qui est implicitement reconnaître qu'au-dessus de l'État, existe l'origine et la source des devoirs : cela méritait bien une certaine réserve de la part de la Congrégation de l'Index et de Celui qui frappait à son instigation. — LV. L'Église doit être séparée de l'État, et l'État séparé de l'Église... — et l'on soutiendrait qu'en interdisant aux évêques de publier et de commenter du haut de la Chaire, un acte pontifical par lequel est si ouvertement blâmée cette loi d'État séculier à laquelle les évêques ont dû prêter serment, le Gouvernement est entré dans la voie de l'Arbitraire !... Mais le serment oblige, ce me semble, aussi bien l'évêque que le premier laïque venu !... Et l'évêque, qui est mieux que tout autre posé pour connaître de la valeur d'un serment, conciliera-t-il ce à quoi il s'est obligé avec la condamnation que son chef spirituel inflige à la loi jurée?... — LXII, de bonne foi, croit-on que le Saint-Siége, si son existence *temporelle* n'existait encore que par la négation spéciale et unique à lui, du principe de *non intervention*, croit-on qu'il le condamnerait? Mais en le condamnant, il croit pouvoir lier la France d'une manière indissoluble, aussi comme il ne se sent solide, sous ce rapport, que grâce à elle ; condamne-t-il sans rémission ce qui pourrait l'autoriser à retirer ses soldats.

Les points suivants, ou s'attaquent à des principes qui n'ont d'importance que par celle qu'on leur donne, ou reviennent en d'autres termes sur des articles déjà examinés : pour ce qui me concerne, je ne veux pas conduire plus loin la discussion; il me reste encore à dire quelques mots sur les paroles qui en précèdent l'énumération, et à terminer par une étude rapide des attaques qu'en arrivant à la fin de son œuvre, Sa Grandeur a cru devoir réitérer.

Le Souverain-Pontife, en s'adréssant à ses vénérables frères, rappelle la *vigilance de ses prédécesseurs, qui furent les gardiens et les vengeurs de l'auguste religion catholique :* j'avais toujours cru que les rigueurs ne faisaient qu'irriter....; la voix du peuple, que l'on a souvent assimilée à la voix de Dieu, a dit dans son simple et pittoresque langage à ce propos : *on ne prend pas les mouches avec du vinaigre ;* or, il me paraît à moi, qui ne suis pas un homme politique et qui regarde comme utiles les leçons du gros bon sens, qu'il eût été souvent plus politique aux administrateurs souverains de l'Église latine, de recourir aux voies de la persuasion, si faciles en transmettant purement et simplement les douces et tendres paroles de Notre-Seigneur Jésus-Christ, qu'en empruntant aux temps barbares, ces coutumes rigoureuses à l'emploi desquelles les pontifes doivent d'avoir été non-seulement les gardiens, mais les vengeurs de leur auguste religion. Pie IX applique, selon ce qu'ont fait ses prédécesseurs, *son courage apostolique* à se placer comme une digue *devant les flots de ces méchants* qui, entr'autres buts criminels, tendent *à faire disparaître du monde toute vertu et toute justice, à soustraire à la règle des mœurs les imprudents et surtout la jeunesse inexpérimentée;* mais en admettant que la mer impie à laquelle la digue romaine semble de toute utilité à Sa Sainteté, monte jusqu'à ces sommets..... nos lois préservatrices ne sont-elles pas là pour l'arrêter, et est-il un seul de nos gouvernants, de nos magistrats qui attendrait pour les appliquer que la *corruption misérable* de cette jeunesse fût accomplie? Le saint Père va plus loin, et induit de ces erreurs, qu'il condamne, qu'elles sont les sources d'autres opinions, condamnables conséquemment, car elles ont pour objet *de faire*, entr'autres intentions, *cesser cette mutuelle alliance et concorde du sacerdoce et de l'Empire, qui a toujours été utile et salutaire à la religion et à la société...;* au temps où cette concorde entre le sacerdoce et l'empire n'existait malheureusement pas, ainsi que le constate d'ailleurs Monseigneur Dupanloup[1], je me demande à qui en incombait la responsabilité, et, l'histoire à la main, je réponds : Au xᵉ siècle domina dans Rome la famille Marozie, qui disposa scandaleusement de la Papauté jusqu'à ce que Othon Iᵉʳ vint rétablir l'ordre en comprimant les factions (962). Cependant Rome ne cessa de s'agiter sous Othon II et Othon III, et plus encore sous Henri II. Le mal était à son comble, quand

---

[1] Page 92.

Henri III le répara violemment en faisant plier Rome sous la loi des empereurs et en lui imposant des papes de son choix. LA PU- RETÉ RÉGNA DÈS LORS SUR LE SIÉGE APOSTOLIQUE.....[1] Monseigneur Dupanloup ne récusera pas l'autorité que je viens de citer : c'est celle de M. Bouillet qu'il blâme les rédacteurs du *Siècle* et les jeunes professeurs du *Journal des Débats* de n'avoir pas consulté, et qui d'ailleurs, en outre de l'autorisation du conseil de l'Instruc- tion publique, autorisation dont il pourrait contester la valeur, avait obtenu pour son précieux Dictionnaire l'approbation de Monsei- gneur Sibour; mais si l'Empire fut toujours, de l'avis de Pie IX, si utile et si salutaire à la religion, ce qui est établi en définitive dans un livre recommandé par l'autorité ecclésiastique, puisqu'il y est dit que la *pureté régna dès lors sur le siége apostolique,* n'est-il pas bien regrettable que ses prédécesseurs en aient jugé autre- ment, et c'est encore M. Bouillet qui parle, *se soient mis en lutte avec les empereurs, faisant de Rome l'alliée de Milan et l'âme de toutes les résistances de l'Italie à l'Allemagne!...* N'auraient-ils pas dû alors leur être reconnaissants de ce qu'ils avaient fait refleurir la pureté sur le trône pontifical?... Et si, mettant de côté la grati- tude qui leur était due de ce chef, les Papes ont jugé qu'ils de- vaient plutôt seconder l'indépendance de la nationalité italienne, comment Pie IX, leur successeur direct, s'oppose-t-il aujourd'hui à cette indépendance, dont l'Empire qui le soutient lui-même a encouragé le réveil de ses propres armes?...

Mais la logique, paraît-il, s'arrête, avec le progrès, aux portes du Vatican..... Déplorons-le et redisons encore, avec M. Bal- lande, déjà cité dans ma seconde brochure de 1860 sur la

[1] Dictionnaire de Bouillet, art. Rome.

question papale, en suppliant Dieu de daigner éclairer son
Vicaire :

> Qu'il entende nos voix, que nos pieux accents
> S'élèvent jusqu'à Lui comme des flots d'encens!
> Qu'il exauce nos vœux, qu'il inspire, protége,
> Son Saint Pontife, à qui tous nos cœurs font cortége[1].

Je m'arrête sur cette dernière citation qui prouve *combien peu
est juste* le jugement par lequel ceux qui secouent les langes du
passé sont (des impies, et comme l'Encyclique se borne à déve-
lopper les points par lesquels elle débute, je n'ai que faire de la
suivre davantage.

Je reviens donc à Monseigneur Dupanloup que je regrette d'avoir
quelque peu délaissé, mais qui m'y a contraint lui-même, en ren-
fermant ses citations du *Syllabus* dans un cercle trop étroit pour
ne point m'inviter à consulter directement le document dont elles
étaient extraites.

Sans m'être donc appliqué à accompagner chacun des points
que j'ai discutés, de l'avis répété qu'ils n'étaient en vérité que
trop *inopportuns,* je crois avoir suffisamment mis à nu ma convic-
tion à cet égard pour pouvoir logiquement moi-même refuser au
Saint-Père le tribut d'admiration que Sa Grandeur lui paie, pour
*son intrépidité au milieu des difficultés présentes;*..... je n'y vois que
le plus douloureux aveuglement, que la plus redoutable obstina-
tion, et, en présence, d'une part, de cette fausse appréciation des
enseignements qui éclatent de tous les points de la chrétienté, de
l'autre, des colères naturelles qui peuvent en résulter, il ne faut

---

[1] Une prière à N. S. P. le Pape, M. Ballande; Dentu, éditeur.

rien moins que l'extrême prudence, que l'extrême sagesse, non-seulement des gouvernements intéressés dans la question avec la Papauté, bien qu'on les accuse d'en manquer, mais encore de tous les monarques du monde, pour empêcher ce feu qui couve, de répandre ses étincelles à tous les vents et de nous dévorer tous dans le plus terrible des incendies !!!.....

En tête donc des erreurs du siècle, celle qui est la plus grave, car elle aide évidemment, dans l'acharnement de la lutte, bien d'autres utopies à se produire, c'est celle dont s'arment les chefs de l'Église latine, pour refuser, péremptoirement, l'abandon du pouvoir temporel qu'ils tiennent à considérer comme la condition *sine quâ non* de son existence. Si, demain, la séparation était consommée, à l'encontre de ceux qui nous écrasent de leurs dédains et crient bien haut que là est seulement le commencement des réformes qui seraient demandées, je mets en fait, je le crie moi-même aussi haut que possible, que la religion obtiendrait les respects de tous, car, il faut pourtant bien se rendre à l'évidence et reconnaître à quelles faiblesses notre pauvre humanité est sujette ; le petit nombre de ceux qui l'attaquent s'est laissé entraîner, par la chaleur des discussions, à confondre dans une même proscription les hommes qui comprennent si mal leur rôle, et le rôle qui leur est dévolu.

Le Syllabus, l'Encyclique elle-même, Monseigneur, n'ont d'importance réelle que par la date de leur publication, et par la condamnation qu'ils prononcent contre les principes qui régissent le droit moderne ; en expliquant d'une façon moins absolue que Votre Grandeur l'acte papal, Son Éminence le cardinal Antonelli a donné une haute preuve d'intelligence, et on aurait lieu d'espérer

que ses récentes déclarations fussent un acheminement à des réso-
lutions plus en harmonie avec des devoirs aussi imprescriptibles
que la morale dont Notre-Seigneur Jésus-Christ est la source suprême..... et, en admettant que nous n'en soyons pas là, que la
lumière n'ait pas encore inondé le cœur de Pie IX et de ses con-
seillers, il est de toute équité néanmoins de leur rendre hommage
d'avoir su, du milieu du concert d'approbations que les évêques
leur ont fait entendre, démêler le mécontentement qui avait à la
fois éclaté dans les régions gouvernementales et dans le public !...
Vous le savez, Monseigneur, on ne distingue le bon grain de l'ivraie
qu'en y appliquant son attention avec la ferme volonté d'y arriver,
c'est ce que la cour romaine a cette fois su faire, au plus grand
détriment de ceux qui n'ont pas compris qu'il fallait attendre
qu'Elle parlât, avant de se montrer plus exclusif et plus raide
qu'Elle.

A quoi me servirait de continuer davantage ; à rien à coup sûr ;
j'ai assez traité une question dont j'ai montré les côtés faibles, et
dont je me suis fait un devoir de signaler les quelques parties
saines.

# IV

## CONCLUSION.

Il faut être de son temps;..... il faut que les princes de l'Église se soumettent à la vérité;..... il faut qu'ils écoutent la grande voix de l'histoire;..... il faut qu'ils admettent avec nous, que dans les premiers siècles de notre ère, si la Religion, qui avait à se frayer un passage à travers la barbarie, a fait des martyrs, elle a aussi fait des saints en un tel nombre qu'il est vraiment douloureux de constater combien, depuis qu'Elle a quitté ses voies vraies, Elle a peu compté d'hommes qui aient su s'élever au-dessus de la foule;..... il ne faut pas que seule dans l'univers, la Papauté qui fut jadis l'avant-garde de Dieu, recule et n'ose plus manier, comme à son origine, *le glaive de l'esprit, qui est la parole de Dieu*[1];.... *il faut qu'il soit permis* d'être homme de bien et d'aspirer au salut éternel sans abaisser tout ce que nous tenons de Dieu lui-même jusqu'à abdiquer nos personnalités; car nous ne demandons rien qui soit capable de dénaturer l'Église;..... car nous ne demandons

[1] Encyclique, page 17.

pas à ses ministres de désavouer les grands siècles chrétiens, ainsi, Monseigneur, qu'abusant et du langage et des droits de l'écrivain, Votre Grandeur ose le prétendre;..... car nous les supplions au contraire de rentrer dans les limites qui ont permis que ces siècles fussent si grands;..... car les Prêtres, à quelque degré de la hiérarchie qu'ils appartiennent, ont des devoirs, Monseigneur;..... de ces devoirs, le premier, le plus saint, est la charité, non entendue comme aumône, mais comme mansuétude.....  ; de ce devoir la source immense est le Fondateur du Christianisme, rappelez-vous le..... Oui, rappelez-vous le, mais pour la pratiquer, et non pour nous en refuser les immunités; il faut s'abstenir de ces attaques contre les principes qui nous régissent, attaques qui ne peuvent produire que de plus grandes excitations et qui font, Monseigneur que les journaux cléricaux, *tous*, ont maille à partir avec les justes répressions de la loi;..... il faut, enfin, Monseigneur, pour atteindre ces buts divers, issus d'une cause commune, que Votre Grandeur, et que vos Frères, vous commandiez à ceux qui les rédigent, le respect de ce qu'ils méprisent;..... il faut que l'exemple du bien et du juste parte du haut des sommets d'où vous avez charge de répandre la lumière, parce que de tout temps l'exemple a eu plus d'effets que la parole.

La situation qu'a créée l'Encyclique, que le Syllabus a empirée, demandait, non des commentaires irritants, mais, de la part du clergé, une modeste attente, alliant la soumission due aux lois, au respect que commandait leur origine;..... et en admettant même que des laïques ignorants, que des ministres négligents, n'aient tous su que dénaturer l'Encyclique et son corollaire, l'esprit de charité ordonnait de se refuser à la violence...

Voilà ce dont le clergé eût dû se souvenir; car c'est de la violence, de la part d'hommes de paix et d'exemple, que d'oublier ses devoirs vis-à-vis des lois, qui, elles.... ont seules le droit d'inflexibilité.

Ma conclusion peut se résumer ainsi : Un acte a été commis, qui serait inqualifiable de souverain à souverain, et il faut se rappeler qu'à l'heure où il l'a été, le Pape était en pleine souveraineté temporelle, comme il y est encore du reste; cet acte, éclatant du haut de la Chaire apostolique, ne pouvait que remuer le monde jusque dans ses fondements... L'effet a été tel que je le constate; il a réveillé des antagonismes; il a, ainsi que je l'ai déjà dit, érigé deux États dans l'État... Voilà le mal,... voilà la situation.

Il n'y avait qu'un moyen d'y obvier, c'était, ce qui était bien simple, de demander des instructions complémentaires à la Cour de Rome, qui n'eût pas manqué, sous l'influence du malheureux effet qu'elle avait produit et de ses sages réflexions, de faire entrer les évêques dans sa voie nouvelle.

Il n'est plus temps, dira-t-on; le mal est fait; mieux vaut ne pas insister. Je serais de cet avis, s'il n'y avait pas de remède; mais il en est un, qui ressort en lettres de feu sur les murs du Vatican, comme aux murs de Babylone, jadis, flamboyèrent le Mané Thékel, Pharès, ce remède, le seul qui, *ainsi que la corde aux mains du bûcheron quand il abat un chêne séculaire*, peut arracher non-seulement l'Église, mais le monde avec elle aux menaces d'un cataclysme, c'est :

L'Abandon du Temporel.

# APPENDICE

Mon œuvre est aux mains des infatigables successeurs de Gutenberg.

J'ai la possibilité d'ajouter quelques mots :

Je demande la permission d'en profiter.

On est informé que le saint Père a félicité son valeureux champion... que le Nonce l'a complimenté... Cela est fort bien, mais on est informé aussi, d'autre part, qu'un membre de cette famille souveraine qui seule entre toutes est appelée impériale, royale et APOSTOLIQUE, vient de se passer de l'assentiment de la Cour de Rome pour ordonner la sécularisation des biens du clergé mexicain... Par une lettre adressée au Ministre de la Justice et des Cultes, l'Empereur Maximilien prouve qu'il entend ne pas être dupe des lenteurs par lesquelles le Saint-Siége semble, en ce qui le concerne également, vouloir l'arrêter, et il lui prescrit des mesures de nature à ne pas rendre ce malheureux pays plus longtemps victime du provisoire !

Cet acte, déjà si important par lui-même, emprunte à la source dont il émane une gravité qui ne peut échapper à personne : l'Empereur du Mexique n'est pas un révolutionnaire... ce n'est point un de ces pervertis qui pactisèrent jamais avec les épouvantables doctrines du *Siècle*, ni avec ces jeunes professeurs du *Journal des Débats* qui, ainsi qu'ils l'ont fait observer à leur savant antagoniste, n'ont dénaturé l'Encyclique que pour avoir voulu s'en rapporter aux lumières des interprétateurs des journaux religieux... L'Empereur Maximilien va donc avoir sa part dans nos turpitudes, et il est vraiment fâcheux que la brochure de Monseigneur Dupanloup ait si tôt paru, car il est probable que Sa Grandeur aurait flétri, comme il s'y entend si bien, une conduite aussi coupable.

Pour moi, qui, dans cette lettre mémorable, ai particulièrement remarqué ce passage :

« Et enfin que les sacrements s'administrent, et que les autres
« fonctions du Ministère ecclésiastique s'exercent, dans tout l'Em-
« pire, gratuitement et sans charges pour les populations. »

Je ne puis ne pas féliciter celui qui a posé un tel principe; ce sera l'un de ses titres à l'admiration de la postérité, et quand on songe que Notre-Seigneur Jésus-Christ chassa les vendeurs du Temple... on se demande comment a pu s'établir dans les Églises latines, et cet incroyable usage qui consiste à séparer les castes au moyen de tarifs différents de chaises qu'il faut payer... et cet impôt prélevé sur ceux qui désirent visiter les richesses de telle ou telle paroisse à ce point qu'il faut se munir, sous les voûtes saintes, de billets payés, pour jeter un coup d'œil sur les offrandes plus ou moins précieuses que certains fidèles ont pu faire... et ces exigences pour les différentes fonctions de la vie... exigences sous lesquelles il faut se courber, si l'on veut naître, se marier, ou mourir avec les prières de l'Église... qu'il faut encore payer! L'initiative prise par l'Empereur Maximilien porte ici sur un point qui est pratiqué sur l'échelle la plus large par le Clergé orthodoxe : J'ai vu un pauvre petit être auquel *rien* n'a été refusé pour son passage de vie à trépas... et non-seulement *rien* n'avait été préalablement demandé... mais *rien* n'a été, ensuite, accepté!...

Je livre ce fait, qui n'a pas besoin de commentaires, aux lecteurs de bonne foi.

Les prêtres du Culte orthodoxe disent : Nous sommes rétribués par l'État; nous n'avons rien à demander à *personne*.

Les Ministres de l'Église Romaine sont salariés par l'État... et reçoivent, en outre, de tout le monde.

Or, tout le monde constituant l'État, on voit que chacun a l'avantage de se payer *deux fois* ce qui va être gratuit au Mexique.

Encore un mot, et j'ai fini.

Il n'est pas possible que Sa Grandeur pense ce qu'Elle dit, quand Elle se plaint de ce que les attaques dont le pouvoir temporel est l'objet, visent beaucoup plus haut, et qu'elles soient dirigées vers Jésus-Christ;... et cependant, Monseigneur l'a écrit d'une façon précise!... Si tant est qu'il croie à ce qu'il a ainsi avancé, j'ai le droit, moi qui sais ce que je voudrais, d'accord avec tant d'autres... de lui déclarer que je ne lui permets pas, en ce qui me concerne, de dénaturer à ce point ma pensée; j'ai ce droit, de lui défendre d'abuser du droit qu'il peut avoir d'écrire librement, parce que jamais Évêque ne fut institué dans de telles conditions... et que nul ici-bas ne doit franchir les limites imposées, on a son mandat naturel... on a ses devoirs officiels.

Pour moi, je crois avoir fait en sorte qu'aucun des grands enseignements de l'Histoire ne fût perdu;... — Je crois m'être appliqué à ce que personne ne pût m'accuser de m'être paré des plumes du paon;... — Je crois avoir veillé sur tous les respects que l'écrivain doit professer, et avoir réussi, en faisant entrer ma personnalité dans ce débat, de n'avoir pas assez troublé le cours de l'eau pour craindre le loup.

J'ai pu être irrité, car je me suis encore péniblement impressionné des attaques dont j'ai osé vouloir faire justice... mais la faute n'en est pas à moi.

Orléans, 6 février 1863.

# ÉPILOGUE

Depuis que j'ai publié mes deux brochures sur la Papauté, à une époque où tous ceux qui avaient l'audace d'aspirer à la voir revenir à son premier état, à ses premières conditions, à ses premières splendeurs, étaient frappés des foudres du Vatican, un grand fait a pris place dans ma vie.

Élevé dans les pratiques, mais non renseigné sur les dogmes de la religion orthodoxe, j'avais cru pouvoir embrasser le catholicisme que j'avais plus particulièrement étudié....

Depuis, en compulsant des papiers de famille, j'appris, ce que j'avais toujours ignoré, que le vœu de mon père, orthodoxe lui-même, était que je vécusse dans cette religion. Devant une volonté devenue d'autant plus chère et d'autant plus sacrée, que mon père n'est plus, je n'avais qu'une conduite à tenir : je me suis éclairé sur les vérités de l'Église grecque non unie, pour l'acquit de ma conscience de chrétien, car toute hésitation m'était interdite, et,

docile à la voix qui avait soulevé le marbre du tombeau pour pé-
nétrer mon cœur, je rentrai dans le giron de l'Église orthodoxe.
Je ne puis ni ne veux croire qu'il puisse se trouver quelqu'un qui
ose me blâmer d'avoir témoigné à mon père mort ce respect dont
il ne m'avait pas, hélas! été loisible, étant enfant quand il me fut
enlevé, de lui donner des gages,... car le respect des morts, dans
toute religion, est un de nos principaux devoirs.

# TABLE